Le monde des dinosaures

Illustrations Ute Fuhr et Raoul Sautai

GALLIMARD JEUNESSE — MES PREMIÈRES DÉCOUVERTES / Tournimagier

Les premiers dinosaures étaient plutôt petits et marchaient souvent debout. Ils vivaient dans des oasis où ils trouvaient fraîcheur et nourriture.

Au jurassique, les dinosaures, dont certains étaient devenus gigantesques, régnaient en maîtres sur le monde.

Les dinosaures étaient les maîtres des forêts, des plaines et des savanes ; aucun autre animal ne pouvait contester leur supériorité.

Dans les profondeurs des océans rôdaient d'autres monstres. Leurs pattes s'étaient transformées en nageoires.

Dans les forêts du jurassique, les paisibles dinosaures herbivores côtoyaient les redoutables dinosaures carnivores.

Les rois du ciel n'étaient pas les dinosaures mais d'autres reptiles voisins, les Ptérosaures, munis d'un museau en forme de bec et d'ailes longues et étroites.

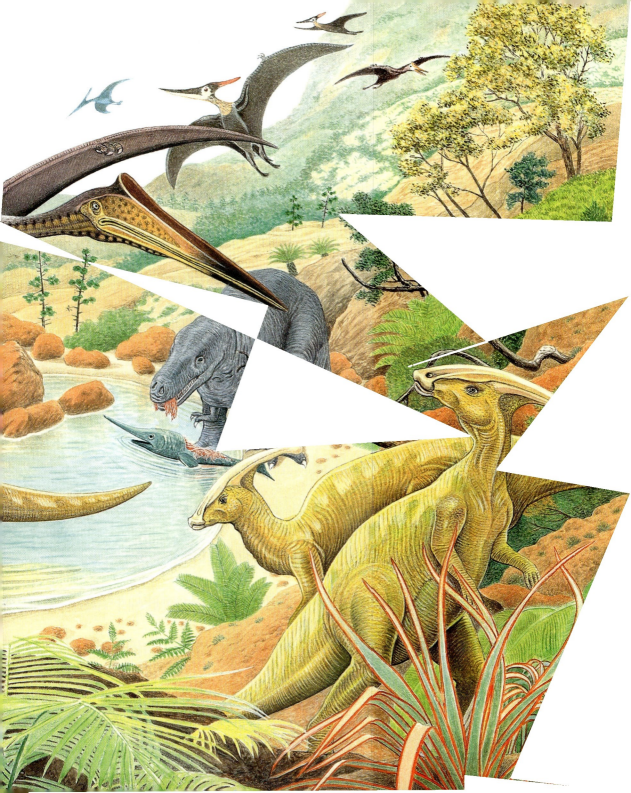

Les dinosaures étaient de toutes sortes.
Il y en avait des petits et des énormes, des rapides
et des lents, des craintifs et des batailleurs.

Alors que, dans le lointain, grondaient les volcans qui annonçaient la fin des dinosaures, de nouvelles plantes et des animaux différents faisaient leur apparition.

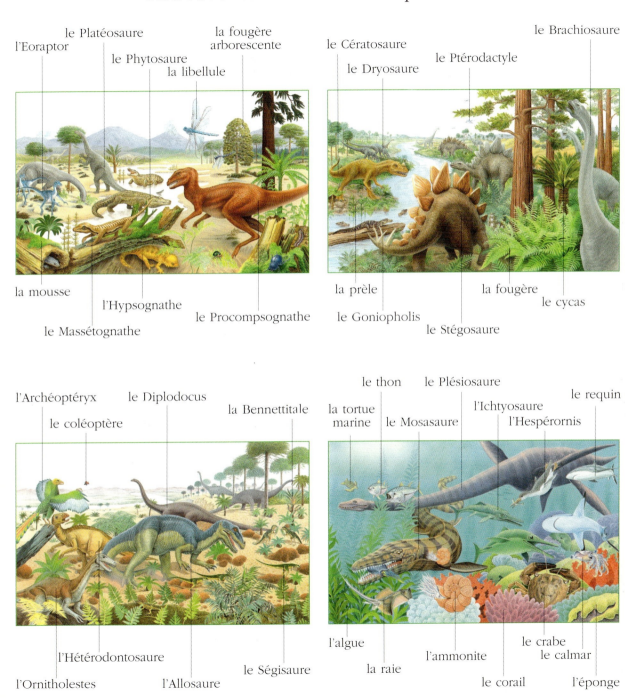

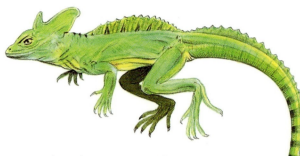

Le moloch des déserts australiens a des mouvements très lents, sa seule défense est son corps recouvert d'épines.

Le basilic court tellement vite qu'il tient sur la surface de l'eau grâce à ses grands pieds.

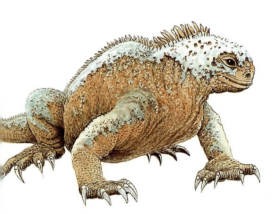

L'iguane marin des îles Galápagos est un excellent nageur qui peut rester un quart d'heure sous l'eau.

L'ornithorynque est un mammifère avec un bec de canard et des pattes et une queue de castor.

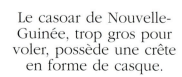

Le casoar de Nouvelle-Guinée, trop gros pour voler, possède une crête en forme de casque.

Le cobra cracheur d'Afrique projette jusqu'à 2 à 3 m son venin dans les yeux de l'ennemi.

Les dinosaures ont disparu, il y a 65 millions d'années, à la suite d'un mystérieux cataclysme. Mais la Terre fourmille toujours d'animaux tout aussi étonnants, extraordinaires et fantastiques.

Le caméléon de Jackson est inoffensif malgré les trois cornes qu'il a sur le front.

Le tatou a le dos protégé par des plaques cornées. Attaqué, il se roule en boule pour se mettre à l'abri de sa cuirasse.

La tortue terrestre géante est, de tous les animaux, celui qui peut vivre le plus longtemps, quelque 120 ans.

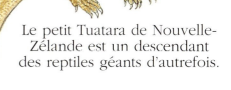

Le petit Tuatara de Nouvelle-Zélande est un descendant des reptiles géants d'autrefois.

Le varan de Komodo, qui pèse 150 kg, peut dévorer un marcassin.